ÉTUDE

SUR

LA SITUATION POLITIQUE

PAR

M. W. ARNOUS-RIVIÈRE

MEMBRE DU CONSEIL GÉNÉRAL ET DE LA COMMISSION PERMANENTE

DE LA LOIRE-INFÉRIEURE.

MARS 1872

ÉTUDE

SUR

LA SITUATION POLITIQUE

PAR

M. W. ARNOUS-RIVIÈRE

MEMBRE DU CONSEIL GÉNÉRAL ET DE LA COMMISSION PERMANENTE

DE LA LOIRE-INFÉRIEURE.

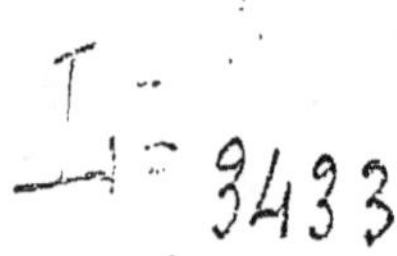

MARS 1872

ÉTUDE

SUR LA

SITUATION POLITIQUE

Aurons-nous la République?

Aurons-nous la monarchie?

Si c'est la République, quels seront les éléments de sa constitution ?

Si c'est la monarchie, sur quels principes se fondera-t-elle ?

Si c'est ni l'un ni l'autre de ces gouvernements, quel sera cet inconnu ?

Telles sont les questions à l'ordre du jour, et dont tous les hommes sérieux ne peuvent manquer de se préoccuper. Le salut de la France, sa régénération sociale dont chacun reconnaît l'urgence et l'incontestable nécessité dépendent de leur bonne solution.

La gravité de la situation nous a engagé à reprendre la plume, mise depuis longues années à l'écart, pour apporter sur ce sujet le modeste appoint de nos réflexions ; et, disons-le tout d'abord, nous écrivons dégagé de tout esprit de parti, animé seulement du sentiment national, le seul auquel nous ayons toujours rattaché notre opinion politique.

Cela dit, examinons les diverses questions que nous avons posées en tête de cet écrit.

I.

AURONS-NOUS LA RÉPUBLIQUE?

Pour les amis de la liberté, un gouvernement fondé sur ce titre bien défini, nous semble dans les meilleures conditions pour en assurer la pratique, pourvu que sa constitution soit faite, en vue du respect des droits inhérents à toute société civilisée.

La République a, en effet, pour définition : « gouverne-» ment de la chose publique, autrement dit des intérêts » de tous. »

Sans doute, qu'à l'ombre de son drapeau, de grands coupables ont souillé la France de leurs crimes, excités qu'ils étaient par leur convoitise du pouvoir ; de même que les hommes corrompus se sont servis souvent de celui de la religion pour couvrir leurs mauvais sentiments. Mais que prouvent ces déplorables excès, si ce n'est la valeur des moyens employés pour échapper à la juste sévérité du tribunal des honnêtes gens ?

Et pourtant, il faut bien le reconnaître, ce titre (*République*) est frappé, de nos jours, d'une réprobation incontestable, qui prend son origine, soit dans l'esprit de parti opposé, soit dans l'exploitation malfaisante des masses ignorantes et crédules.

Un grand nombre ne parle de ce gouvernement que pour en signaler les excès, n'ayant conservé dans leurs souvenirs que les terreurs dont on a frappé leur imagination, et méconnaissant ainsi les avantages dont ils n'apprécieraient la valeur, que s'ils en étaient privés.

D'autres ne le comprennent que comme un moyen facile de se livrer à leurs mauvais instincts ; à cet effet, ils cherchent, au nom de ce gouvernement, à agiter les classes malheureuses, en leur offrant l'appât coupable d'un bien-être, violemment usurpé, qui devra soulager leur misère et satisfaire leur rancune contre la société !

C'est ainsi que la liberté, issue de la commotion de 89, a été et sera toujours défigurée par les gens qui, ou ne la comprennent pas, ou la déshonorent.

Nous avons foi, et ne pouvons admettre que cet élément fondamental de la République, puisse sombrer à son tour, comme l'a fait notre antique monarchie, entraînée par ses propres fautes et celles de ceux qui étaient le plus intéressés à la maintenir.

Qui oserait, de nos jours, attaquer la liberté, ce symbole de la dignité humaine, pour tenter un retour vers l'asservissement des temps anciens, et cela pour la satisfaction du petit nombre, au détriment du plus grand ?

Cette tentative serait insensée, pleine d'écueils et de prochains bouleversements, ce serait tomber de Caribe en Scylla !

N'est-il pas plus rationnel de chercher à moraliser la société, pour lui conserver cet acquit si chèrement obtenu, qui cessera alors d'être quelquefois un fléau, pour ne devenir qu'un bienfait.

Les fleuves ne remontent pas leurs cours, les marées seules constituent des situations momentanées qui ne modifient pas leurs régimes.

Quoi qu'il en soit, puisque le gouvernement du pays par le pays, intitulé la *République*, effraie par son titre ceux sur l'esprit desquels la forme emporte le fond, sachons faire à cette nombreuse catégorie une concession qui pourra la satisfaire, et rayons du vocabulaire politique les mots *République* et républicains ; de cette manière resteront sans noms ceux qui ont tant abusé de ces mots, toute confusion ne sera plus possible, ils resteront des communards et seront appréciés comme tels !

Prenant pour point de départ les principes de 89, que nous résumons dans la proclamation de l'égalité devant la loi et la liberté de conscience, examinons leur application à une nouvelle forme de gouvernement que nous appellerons *Gouvernement national*, le seul qui nous paraît pouvoir être accepté par les hommes de toutes les opinions attachées à la régénération de notre malheureuse patrie.

Du Gouvernement national.

Ce titre exprime un sentiment commun à tous les bons citoyens.

La nation et la patrie forment un tout indivisible. Pourrait-on, en effet, être français, sans aimer la France? L'amour de la patrie impose des sacrifices, et la vertu patriotique la plus élevée est celle de l'abnégation.

C'est à sa pratique que nous convions tous les honnêtes gens, s'ils veulent, en se sauvant eux-mêmes, éviter à la société tout entière le cataclysme dont elle est menacée !

Le XIXe siècle, si peu apprécié, car il est tant méconnu au milieu des passions politiques et sociales dont il est le berceau, n'en sera pas moins classé par l'histoire, comme celui de la lumière et du progrès dans l'ordre politique. Que d'exemples n'a-t-il pas produits dignes de l'appréciation des hommes d'études, animés de l'esprit d'observation et d'indépendance.

Nous y remarquons trois périodes de république :

1° De 1800 à 1804, soit quatre années, qui, sous la forme du Consulat, glorifia la patrie par ses victoires, sa constitution administrative et financière, ses codes, sa magistrature et enfin par le rétablissement du culte catholique ;

2° De 1848 à 1852, soit environ quatre années, qui

offrirent à la France la preuve de la force de ce gouvernement pour calmer et réduire les factions turbulentes, résultat inévitable de toute commotion politique.

3° Enfin de 1870 à 1872, époque de transition et de provisoire, protégée par cette forme de gouvernement qui, héritant des fautes du passé, a toujours eu la puissance de sauvegarder le présent en préparant l'avenir.

Le XIX⁰ siècle a donc produit *neuf années* de république, *soixante-trois années* de monarchie constitutionnelle, plus ou moins parlementaire.

La balance en chiffre n'est pas égale sans doute, mais elle est suffisante pour en tirer d'importantes conséquences. En effet, n'est-on pas fondé à dire que les trois périodes de république que nous venons de signaler, eurent à hériter d'un passé dont elles ne peuvent subir la responsabilité ?

Le Consulat succédait de près aux horreurs de 93; la République de 48 aux faiblesses et à l'abaissement des derniers jours du gouvernement de Juillet; enfin, la troisième période, aux erreurs de l'empire et aux indignités du gouvernement du 4 septembre, qui doit assumer la responsabilité des crimes de la commune de Paris !

Et pourtant ces trois périodes, malgré l'instabilité inhérente à leur origine, n'en furent pas la cause, elles n'en subirent que les effets.

Toutes les trois furent empreintes du sentiment national. Il ne leur a manqué que l'appui des partis monarchiques, dont les meneurs égoïstes pour la plupart ont toujours cherché à proclamer un pouvoir dont ils ont espéré et espèrent encore aujourd'hui tirer profit.

Tel est l'honneur du gouvernement républicain et tel serait celui d'un gouvernement national sous cette forme: de pouvoir réduire à l'impuissance ces malfaiteurs politiques du bonheur public, au profit de la société tout entière.

Toutefois, nous nous empressons de le reconnaître, il existe dans tous les partis des hommes de bonne foi, honorables à plus d'un titre, placés dans des conditions exceptionnelles, tels que ceux que la fidélité honore, quand elle est l'expression d'un noble sentiment, celui de la reconnaissance.

Ceux-là sont l'honneur de leur opinion politique, dont les communards de la République sont la honte.

Ni les uns ni les autres ne peuvent rien pour le bien-être public, dont ils troublent la tranquillité et arrêtent le développement.

Ce sont pour la plupart les éléments du *fonctionnarisme*, cette plaie de notre époque, organe principal de tout pouvoir unitaire dans l'ordre monarchique, comme moyen nécessaire pour satisfaire ces prosélytes avides d'une position qu'ils n'acquièrent souvent qu'aux dépens de leur conscience.

Qui de nous en effet n'a connu de ces gens, immolant sur l'autel des honneurs et des gros traitements leur indépendance et souvent leur capacité, pour s'engourdir dans des fonctions serviles, au grand détriment du bien public, auquel ils étaient appelés à concourir par l'emploi de leur temps dans des fonctions libérales !

On ne peut être absolu à cet égard, car il est des fonctions publiques indispensables, honorant toujours ceux qui en sont investis, telles que celles qui dépendent de l'armée, la magistrature et autres.

Mais en dehors de ces grands ressorts de l'état social, le pouvoir monarchique ne peut échapper à l'obligation de créer autour de lui une pépinière de courtisans, avides de fonctions lucratives, quelquefois héréditaires, souvent traditionnelles comme le chef qui les distribue !

Que de bassesses et de trahisons n'a pas produites le fonctionnarisme ?

Un gouvernement national, sous la forme républicaine, aurait seul la puissance d'en réduire les abus en livrant au concours et le plus souvent à l'élection les moyens de recrutement. Dès-lors, cesseraient d'apparaître ces ambitieux, incapables de faire le bien, et qui, souvent déçus dans leurs espérances fondées sur le favoritisme, deviennent des mécontents dangereux !

Le bon sens public est en général un bon juge de ces intrigants sans valeur, qui ne peuvent se présenter ni au concours ni au suffrage; leur succès ne pourrait être qu'une surprise, dont le temps saurait bien vite faire bonne justice.

Les candidatures officielles de toutes les époques, quand elles n'ont eu pour base que la faveur, ont bientôt été frappée d'une répulsion, dont le contrecoup a été une des causes principales du renversement des gouvernements qui, en les choisissant, avaient abusé de leur devoir le plus sacré, celui de respecter l'opinion publique !

Les limites que nous nous sommes tracées dans cet écrit ne nous permettent pas de développer longuement les bases constitutives d'un gouvernement national autre que la monarchie.

Ce gouvernement nouveau, insaisissable par son origine, car il n'a pas d'objectif comme l'est toujours un souverain, n'aurait besoin, pour représenter le pouvoir exécutif, que d'un homme de bien, ne relevant que de la loi et chargé de son exécution. Toute autre supériorité lui serait plus nuisible qu'utile, dispensé qu'il serait de toute initiative ; ne pouvant être, en un mot, que le premier fonctionnaire de l'Etat, et non un président royal, plus ou moins déguisé.

Elu pour un temps restreint, par le suffrage universel *des ayants-droit* à voter, sa supériorité devrait consister plus spécialement dans une loyale et inébranlable énergie, pour l'exercice de son mandat. Irresponsable de l'application des lois, il n'aurait à répondre que de leur violation.

La constitution des Etats-Unis d'Amérique pourrait, au besoin, guider nos futurs constituants sur les institutions fondamentales de ce gouvernement, objet de tous nos vœux ; le seul qui, dans l'état actuel de la société, peut offrir aux honnêtes gens de tous les partis un moyen de ralliement, dont nous avons tant besoin pour fonder une digue puissante contre le torrent dévastateur qui nous menace.

En résumé :

Plus de monarques, plus de cour. Plus de cour, plus de courtisans, et, par conséquent, plus d'ambitieux incapables, amateurs de gros traitements' et ennemis du travail. En un mot, plus de fonctionnaires à l'état latent, et, par suite, emploi des valeurs intellectuelles nationales, soit aux fonctions publiques électives, soit aux carrières libérales.

Plus de monarques, plus d'objectif pour les partis opposés et, par conséquent, moins de chances de commotions politiques.

Le gouvernement de *tous par tous* est insaisissable, et son renversement devient bien difficile, si le pays a la sagesse de ne confier le pouvoir exécutif qu'à *un simple citoyen*.

La République de 48 fut renversée par un prince président. Que deviendrait-elle aujourd'hui avec son état provisoire et un autre prince, à la place ou à la suite du chef actuel de l'Etat ?

Si la France veut un gouvernement national sous la forme républicaine, il faut que le sentiment patriotique et celui de leur propre intérêt décide les honnêtes gens de toutes les nuances à y participer sans arrière-pensée, le reconnaissant comme la seule planche de salut, au milieu du naufrage moral, politique et national que nous venons d'éprouver.

Sur ce terrain (moins les meneurs intéressés), la masse de la nation peut se donner la main, sans souffrance pour personne ; et au nom du bien-être public, aucun amour propre ne peut être froissé, car ce ne serait le triomphe, ni la défaite de personne. Il n'y aurait ni vainqueurs ni vaincus, tous ayant concouru à un noble but, la reconstitution de la puissance morale et matérielle de la patrie, par l'entente de tous ses véritables enfants.

Examinons si la monarchie peut réaliser un tel résultat.

Telle est la deuxième question que nous nous sommes posée en tête de cet écrit.

II.

AURONS-NOUS LA MONARCHIE?

La monarchie ne peut, suivant nous, exister sans les éléments constitutifs qui ont fait sa force dans les temps anciens.

Nous les énumérons ainsi :

1° *Sa légitimité* qui, pour être indiscutable, doit être fondée sur le *droit divin*.

2° *L'aristocratie,* comme conséquence, c'est-à-dire un corps puissant dans l'Etat, ayant la même origine que son chef, le droit de naissance, et, par exception, celui que confère en tout temps la supériorité naturelle qui est aussi un *don divin*.

3° *Le pouvoir absolu du monarque,* sans lequel (soumis qu'il serait au jugement de l'opinion publique), ne pourrait se maintenir, même avec une supériorité incontestée, bien moins encore avec de l'infériorité !

4° Enfin, *le prestige,* sentiment qui ne peut s'imposer que par la volonté de Dieu!

Or, dans l'état actuel de la société, qui oserait dire que l'esprit public est enclin à adopter de tels éléments pour en revêtir le pouvoir souverain ?

Quoi, ce serait en pleine démocratie que l'on pourrait penser à renverser tout l'édifice de nos institutions adoptées dans ces derniers temps par l'aristocratie elle-même ?

Le souvenir des luttes électorales qui précédèrent la chute de l'empire pourrait-il si vite s'effacer de la mémoire des candidats de tous les partis et du corps électoral ?

Qui de nous n'a pas souvent été confondu par la lecture des principes proclamés à cette époque par l'opposition de toutes les couleurs ?

Il ne s'agissait, il est vrai, que de renverser l'empire, et chacun comprenait instinctivement que la démocratie, ce principe destructeur de toute monarchie, devait servir au but qu'il se proposait.

Le résultat a répondu à l'attente. La monarchie impériale a été renversée, mais le principe démocratique est resté debout, plus vivace encore par sa nouvelle victoire !

Le désastre de Sédan ne fut qu'un appoint pour hâter la chute de Napoléon III, événement devenu inévitable, car ce monarque n'avait pas les étais de François Ier, sa noblesse et son prestige.

Fondé sur le suffrage universel, l'empire, cette dernière phase de la monarchie en France, a prouvé que, quelle que soit son origine, ce gouvernement ne peut se maintenir avec le régime *démocratique* et *parlementaire.*

L'expérience des trois dernières dynasties, dans une période de cinquante-deux années, suffira-t-elle enfin pour convaincre les monarchistes de toutes les nuances ?....

On conçoit que le suffrage universel puisse constituer des titres réguliers au pouvoir souverain, mais jamais de droits supérieurs à la souveraineté dont il est l'expression.

La souveraineté nationale, ce genre de pouvoir indiscutable dans ses éléments de fait et de droit, est, par sa nature même, indéfiniment libre de son action. Elle peut et doit modifier ses volontés en raison de la mobilité de sa constitution, du renouvellement de ses molécules, des idées nouvelles qui se produisent, que ces idées soient le *progrès* ou la *décadence!*

Quelle peut être, enfin, la limite de sa puissance, si ce n'est l'expérience de ces calamités produites par ses erreurs?

Le suffrage universel ne peut engager l'avenir, car pour qu'il y ait engagement, il faut un contrat synallagmatique entre parties revêtues des mêmes droits, ce qui ne peut exister entre un souverain et le peuple.

Le premier (le monarque) ne peut qu'accepter ou subir la situation qui lui est faite par plus puissant que lui.

Le deuxième (le peuple) peut toujours donner et retirer le pouvoir, souvent avec injustice, mais toujours avec sa puissance.

Donc, si la légitimité du pouvoir monarchique ne peut s'établir par le suffrage universel, on est appelé comme conséquence logique à penser que cette institution avait autrefois dans l'esprit des peuples une origine supérieure, la plus indispensable de toutes, la volonté de Dieu, appelée le DROIT DIVIN.

Ce principe, accepté par les masses, entraînait autrefois avec lui un prestige aussi indéfinissable qu'incontesté ; et c'est en cela que la monarchie, dont Louis XVI fut la victime expiatoire, se trouva ébranlée dans ses fondements, quand le charme fut tombé !.....

Le droit divin, à partir de cette époque, cessa d'être la foi du peuple, et ce droit sans prestige ne pouvait se soutenir.

La légitimité revenue au pouvoir en 1814 en est une preuve incontestable !

Nous avons dit que le droit divin constituait seul la légitimité dans la monarchie, que ce droit devenu la foi du peuple l'entourait d'un prestige considérable ; ajoutons que la conséquence de cet ordre d'idées monarchiques est la constitution d'un corps puissant dans l'État, composé par l'élite d'une société à laquelle un passé glorieux et traditionnel a constitué un droit incontestable au pouvoir, ayant aussi pour base son droit divin et son prestige.

Ce corps, dans le moyen-âge, s'appelait la noblesse, possesseur de nombreux priviléges et de presque toutes les hautes fonctions publiques, disposant du sol et conséquemment de la population des campagnes ; ce corps possédait tous les éléments pour se faire aimer et craindre.

Combien il a dû abuser pour avoir perdu le profit de tant de bienfaits providentiels !

N'a-t-il pas, en effet, donné le signal de la décadence, ou plutôt fut-il entraîné par de plus hauts exemples !...

L'histoire s'est prononcée.

Espérons que l'expérience du passé lui dictera sa conduite pour l'avenir, et que, par son exemple, la régénération sociale sera plus rapide et plus complète.

En attendant la réalisation de nos vœux à ce sujet, constatons aujourd'hui que le mal vint du sommet et qu'il ne tarda pas à gangrener les classes inférieures devenues de nos jours l'élément du suffrage universel, autrement dit de la souveraineté du peuple.

Et pourtant c'est sur cette situation sociale que des gens de bonne foi prétendent fonder à nouveau la monarchie !!!....

Leurs arguments, il est vrai, ne se fondent guère que sur leurs désirs et aussi leurs espérances. Beaucoup s'appuient sur des prophéties !....

Que Dieu leur pardonne et leur fasse la grâce de ne pas obtenir ce qu'ils lui demandent.

Leur triomphe serait aussi passager que serait peu durable une construction fondée sur un sol mobile et fangeux. Il faut bien le reconnaître, la monarchie a fait son temps, et les éléments qui l'on produite et qui l'ont maintenue pendant tant de siècles n'existent plus, ni dans l'esprit ni dans les mœurs de notre époque. Soutenue par l'ignorance des masses, elle ne pourrait les dominer aujourd'hui que par une force brutale, dont le sentiment public ne tarderait pas à faire justice.

Évitons ces commotions inutiles et rallions-nous au seul gouvernement possible, celui de *tous par tous*.

Car, si nous n'acceptons pas la République, autrement dit, si les gens de bien de tous les partis ne veulent pas se donner la main sur ce terrain neutre que nous appelons *Gouvernement national ;* si, par ailleurs, nous reconnaissons que le Gouvernement monarchique, usé dans ses principes anciens, n'est plus dans nos mœurs et n'est plus que dans les désirs d'une majorité parlementaire impuissante par sa division, à quoi donc pouvons-nous aspirer et que ne devons-nous pas redouter pour nous-mêmes et pour la patrie ?

Quel sera alors cet inconnu vers lequel nous conduit l'aveuglement des partis ?

Telle est la troisième question que nous nous sommes posée dans cette étude.

Cet inconnu ne sera autre chose qu'un cataclysme, représenté par l'anarchie, la ruine et le démembrement de la France, ou la dictature !

Tous les esprits réfléchis le prévoient, que faut-il faire pour l'éviter ?

A notre sens, le remède à tenter est aussi simple que le danger est formidable.

Il faut que la nation soit appelée à se prononcer sur le gouvernement qui lui convient.

Il faut l'appel au peuple !

L'appel au peuple, ce véritable droit divin, l'expression de la force par la majorité, ce droit indiscutable, malgré les usurpations dont il a souvent été l'objet, mais qui, comme tout principe incontestable, se relève toujours de ses défaites passagères.

Le peuple, en effet, se compose de masses inertes et de masses intelligentes. Comme masse inerte, il est la force matérielle ; comme masse intelligente, il dirige.

C'est le rapport de l'âme au corps.

L'intelligence se présente sous deux aspects : le bien et le mal.

Il est de principe fondé sur la justice divine, que le bien doit l'emporter sur le mal, et que le contraire n'est que la conséquence d'une inertie coupable.

Donc, l'intelligence d'une nation doit la porter vers son bien-être, si chacun fait son devoir envers Dieu et la patrie !

Il est de règle aussi qu'un citoyen n'a droit à ce titre que dans des conditions déterminées, que chacun possède ou peut acquérir ; que ces conditions accordent des *droits,* comme elles imposent des *devoirs.*

Tels sont les principes fondamentaux sur lesquels nos législateurs doivent se hâter de s'appuyer pour doter le pays d'une bonne loi électorale d'où ressortira un gouvernement fort et puissant, d'autant plus inattaquable qu'il sera fondé sur la volonté nationale, *véritablement représentée.*

Pour nous, convaincu que le droit et la justice auront pu être ainsi justement appliqués, nous accepterions avec confiance un gouvernement qui ressortirait de cet appel au peuple souverain.

Nous espérons qu'il serait conforme à nos vœux et à nos convictions ; mais, en fût-il autrement, nous nous soumettrions au choix ainsi fait, comme une conséquence logique des principes que nous avons exposés.

En résumé :

1° Nous demandons, aussi tôt que possible, une bonne loi électorale fondée sur les principes consignés dans cet écrit ;

2° L'appel au peuple pour choisir la forme du gouvernement ;

3° La nomination d'une assemblée constituante pour organiser le gouvernement choisi par la nation consultée.

Tel est l'ordre logique à suivre pour fonder le gouvernement définitif de la France et pour sortir d'un état provisoire qui, n'inspirant pas confiance, ne permet pas de développer sa prospérité, et laisse à tous les partis l'espoir d'un succès plus ou moins chimérique, tant qu'il n'aura pas pour base le principe de la volonté nationale *librement et utilement appliqué*.

Nantes, mars 1872.

W. ARNOUS-RIVIÈRE.

NANTES, Mme Ve C. MELLINET, IMPRIMEUR, PLACÉ DU PILORI, 5.